AF232738

LA
VIE POLITIQUE
EN PROVINCE

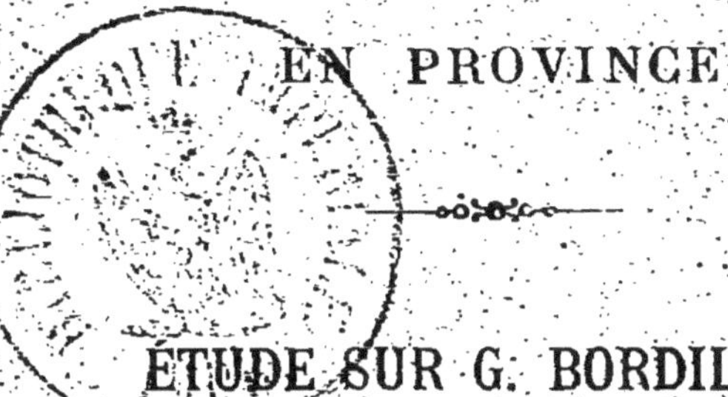

ÉTUDE SUR G. BORDILLON

SUIVIE D'UN CHOIX DE SES LETTRES

Par Élie SORIN

ANGERS

IMPRIMERIE DE J. LEMESLE, PLACE SAINT-MARTIN, 1

1868

LA
VIE POLITIQUE

EN PROVINCE

ÉTUDE SUR G. BORDILLON

SUIVIE D'UN CHOIX DE SES LETTRES

Par Élie SORIN

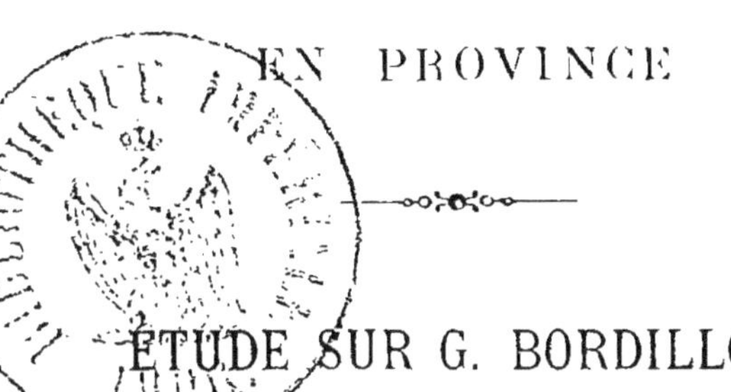

ANGERS

IMPRIMERIE DE J. LEMESLE, PLACE SAINT-MARTIN, 1

1868

LA VIE POLITIQUE

EN PROVINCE

ÉTUDE SUR G. BORDILLON

Suivie d'un choix de ses Lettres

Par Élie SORIN

Je le rencontrai pour la première fois, il y a douze ou quinze ans, à un dîner auquel j'avais été invité avec quelques-uns de mes collègues de l'Université. Parmi les convives qui m'étaient inconnus, il y en avait un qui attira soudainement toute mon attention. Sa figure était puissamment caractérisée : sur ses grands traits éclataient à la fois l'intelligence, la passion, la force et la bonté. Sa voix sonore semblait faite pour la tribune, son geste oratoire accentuait une pensée hardie, souvent fine et ingénieuse, quelquefois paradoxale, toujours généreuse et revêtue d'une forme élevée. Il me semblait voir un membre de la Constituante, ou mieux encore un représentant du peuple descendu de la montagne de la Convention. En l'écoutant, on tombait promptement sous le charme. Son esprit cultivé, nourri d'im-

menses lectures, assoupli par l'étude, la médita-
tion et la lutte, abordait sans efforts les sujets les
plus divers. Nous fîmes à sa suite le tour du
monde moral et historique, depuis Platon et
Thucydide, depuis Lucrèce et Tacite jusqu'à la
France de Montaigne, de Pascal, de Bossuet, de
Voltaire et jusqu'aux penseurs de nos jours,
Jouffroy, Cousin, Guizot et Jean Reynaud. De
temps en temps sa parole s'enflammait, son cœur
paraissait bondir emporté par de généreuses
colères, puis il revenait à nous, un mot plaisant
provoquait son rire large et éclatant, ou bien il
écoutait, un demi-sourire sur les lèvres et les
yeux dans l'espace, comme pour y suivre la
pensée de ses jeunes interlocuteurs. Au bout de
la table, un lycéen à la mine espiègle, au front
intelligent, l'œil éveillé, l'oreille ouverte, suivait
avec ravissement les capricieux vagabondages de
la conversation. Dès les premiers mots j'avais
demandé à mon voisin le nom de ce causeur
merveilleux qui étonnait et subjugait les esprits
Il me répondit : c'est Grégoire Bordillon, l'ancien
commissaire du gouvernement provisoire.

Quant à l'enfant, il est devenu un habile écrivain dont la carrière sera brillante s'il n'oublie
pas les impressions de son premier âge et s'il
reste fidèle aux libérales inspirations de sa jeunesse. C'est lui qui d'une main pieuse vient de
rassembler les souvenirs composant la vie du
grand citoyen auquel le rattachaient des liens de

famille. C'est son premier livre, il lui portera
bonheur. Il y a mis de grandes qualités de style,
du souffle, de la couleur, pas assez d'émotion
peut-être. Il semble parfois qu'il ait contenu son
sentiment propre, qu'il se soit défendu des har-
diesses de son âge et qu'il se soit imposé les sages
allures qui conviennent surtout à la maturité.
Peut-être n'a-t-il pas fait un mauvais calcul : son
livre est beaucoup lu : le succès a été très-grand,
et si j'arrive trop tard pour l'annoncer, j'ai du
moins plaisir à le constater.

Que de l'étude de M Sorin et des lettres qui
l'accompagnent ressortent en pleine lumière le
Bordillon que nous avons connu, assurément
non. Ni le pinceau ni la plume ne réaliseront
l'image que nous avons dans l'esprit. Songez
qu'il mourait hier, plein de jeunesse et d'énergie,
ayant à peine fléchi sous le poids de ses soixante
années. Nous l'avons pour ainsi dire vivant dans
nos yeux, nous l'entendons, nous l'écoutons
encore, et pour nous rien ne peut rendre les
mille impressions qui se succédaient si rapide
ment sur sa mobile physionomie L'artiste,
M. Jules Dauban, dans son admirable tableau,
a pris le bon parti : il a fixé sur sa toile l'expression la plus noble, la plus fière, celle du
penseur et du tribun. L'écrivain, lui, s'y est
repris à trois ou quatre fois, et il a fait une
série de portraits où se retrouvent en grande
partie, malgré des inexactitudes et des allé-

nuations, les traits sympathiques du modèle.

M. Sorin a intitulé son livre : *La Vie politique en province.* A dire le vrai, il n'y a plus guère de vie politique, depuis quelques vingt ans surtout, dans ces régions silencieuses où la suprême sagesse consiste à n'avoir jamais que l'opinion régnante, où l'on se croit habile en se désintéressant de la chose publique, où enfin, si l'on veut vivre en paix et échapper à la rumeur calomnieuse, il est bon de suivre en spectateur indifférent les péripéties de l'histoire contemporaine. L'originalité de M. Bordillon, c'est d'avoir hardiment affirmé ses opinions personnelles, de les avoir défendues envers et contre tous, et d'avoir réussi, à force de talent, d'éloquence, d'esprit, de franchise, de bonne foi et de bonne humeur, à les faire accepter de tous les honnêtes gens éclairés. Toute sa vie il a porté son drapeau d'une main ferme dans la bonne comme dans la mauvaise fortune et a maintenu sans défaillance l'unité de sa conduite et de son caractère : chose rare, certes, en un temps où l'on rencontre si peu de convictions profondes et tant de capitulations de conscience.

On trouve dans la correspondance dont M. Sorin a publié des extraits, l'histoire de la formation de son programme. Il arrivait à Paris à vingt-deux ans, « l'âme saturée des croyances catholiques et des traditions jacobines » qu'il avait recueillies dans le même milieu, sous le toit de

sa famille. Il se jeta à corps perdu dans l'étude,
résolu à tout apprendre, poursuivant la vérité
sur toute chose et cherchant surtout un symbole
qui fit cesser la lutte des idées contradictoires
qu'il portait dans sa tête et auquel il pût sans
retour donner sa foi et dévouer sa vie. C'est
alors que M. Damiron, son ancien professeur de
philosophie, l'introduisit aux soirées du *Globe* et
le fit admettre aux conférences de Jouffroy qui
venait d'établir en quelques pages fameuses
comment les dogmes finissent. Il se mêla aussi
au groupe Saint-Simonien, qui, dépassant la
tradition révolutionnaire, rêvait une reconstitu-
tion complète de la société. Au milieu de cette
jeunesse ardente dans laquelle il contracta les
meilleures amitiés de sa vie, son âme s'ouvrit à
des idées nouvelles, il refit en quelque sorte ses
études morales, religieuses, politiques, travaillant
sans trève, sondant tous les problèmes, interro-
geant toutes les sciences, promenant son infati-
gable curiosité sur toutes les questions. Ce fut
sans doute ce travail acharné d'une vie « réglée
dès l'âge de vingt ans comme celle d'un moine »
qui le préserva des écarts ordinaires aux natures
fougueuses. Il vivait dans les hautes régions de
l'esprit, ignorant ses sens et traversant, ainsi que
le disait une femme d'esprit, les régions en feu
comme une salamandre. Cette pureté de sa jeunesse, il l'a conservée durant sa vie entière, et ce
n'était pas là un des côtés les moins attrayants

de cette organisation d'élite. Ses lettres de cette époque ont l'intérêt qui s'attache à tou'es les espérances. Il y décrit avec une verve juvénile ses misères de la mansarde, ses joies infinies aux cours de Jouffroy, ses admirations pour les hommes de Plutarque, ses émotions au procès de Lamennais, ses promenades au Champ-de-Mars à l'anniversaire oublié du 14 Juillet, sa généreuse défense des jésuites contre lesquels il n'invoque alors que les armes de la liberté. Une des plus curieuses est celle où il raconte sa présentation à l'abbé Grégoire. « Notre génération disparaît » lui dit le vieux conventionnel ; « nous vous léguons notre tâche, Messieurs! Vous arrivez à la vie, c'est à votre tour d'aimer et de servir la liberté ! »

Il revint à Angers avec un système complet : en politique, il avait adopté la tradition révolutionnaire, en philosophie il était spiritualiste très décidé, en religion il avait abjuré le christianisme officiel pour remonter à l'esprit du fondateur.

Sous ce nom de Révolution, il entendait l'ordre social et politique issu du mouvement de 89. Vivant au milieu des hommes qui l'avaient fondé et des adversaires qui l'avaient combattu et aspiraient encore à le renverser, il lui semblait chose impie de remettre en question l'égalité des citoyens devant la loi, la liberté de conscience, l'indépendance du travail, l'égalité des charges et des droits pour tous, l'abolition des castes et

des priviléges, l'émancipation des âmes et des citoyens par la destruction de la double tyrannie
des religions d'Etat et des royautés tradition-
nelles. C'est pour cela que, résumant d'un mot
les conquêtes encore contestées des sociétés nouvelles, il les abritait sous l'appellation un peu
emphatique de sacro-sainte révolution. Qu'il y
eût dans son enthousiasme quelque chose d'ex-
cessif et d'outré, c'est ce que dira la génération
sceptique à qui tant de déceptions ont appris la
mesure. Il avait tort sans doute d'établir entre
les auteurs du grand drame une solidarité absolue qu'ils eussent repoussée eux-mêmes ; il imi-
tait à son insu les adorateurs du droit divin qui
honorent du même culte Charles IX et Henri IV.
Il n'était pas de cette école qui, de nos jours, et
à juste titre, suivant moi, a répudié le fétichisme
révolutionnaire et ne se croit pas tenu de défendre, d'absoudre et de glorifier ceux dont les
théories fatales et les excès sanglants ont perdu
pour cent ans la cause de la liberté. M. Bordillon ne considérait que l'ensemble, et de Mira-
beau, au 18 brumaire, il ne voyait que l'éruption
de justice, comme dit Michelet, l'écroulement
d'un régime odieux et le laborieux enfantement
d'un ordre nouveau ; comme les fils de Noë, il
jetait pieusement son manteau sur l'ivresse
cruelle de sa mère. De là, des emportements de
parole, des glorifications téméraires, d'audacieux
défis à l'opinion, qui pouvaient donner le chan-

ge aux esprits craintifs ou prévenus. Il n'avait pourtant rien de commun avec les inflexibles dictateurs du salut public, il revendiquait la liberté pour tous et s'il haïssait les doctrines, il respectait leurs défenseurs et n'en voulait triompher que par la discussion ; « j'irais au bout du monde, écrivait-il, pour discuter mes croyances avec un homme intelligent et de bonne foi ! » Un jour, je le vis longtemps rêver devant une gravure du tableau de Delaroche sur le dernier jour des Girondins. « Vous eussiez été avec eux, lui dis-je. Il me regarde avec son fin sourire. » Et pourquoi ? — Parce que vous avez le tempérament d'un montagnard, mais que par le cœur et par l'esprit, vous êtes un Girondin. » Il resta un instant silencieux ; puis, il me dit : peut-être !

Il salua avec bonheur la révolution de 1830, mais il n'admit pas avec Lafayette, que la royauté de Juillet fût la meilleure des républiques. Il était de ces logiciens qui vont au fond des choses et ne s'arrêtent pas à mi-chemin. Plusieurs de ses amis moins absolus, plus avisés, tout en conservant le même idéal, en ajournaient volontiers la réalisation. Pour eux le régime constitutionnel était une transition nécessaire à un peuple qu'une longue habitude de la tutelle monarchique rendait incapable d'entrer de plain-pied dans l'exercice de la liberté absolue et de passer sans éducation préalable, sans mœurs politiques, à la pratique des institutions américaines. Ils cher-

chaient vainement autour d'eux les éléments né-
cessaires à une république et ne les trouvaient
ni dans une bourgeoisie libérale, éclairée sans
doute, mais peu expérimentée et troublée par de
pénibles souvenirs, ni dans des masses ignorantes
toujours prête à jeter leurs libertés aux pieds
d'un maître qui leur assure l'ordre sur les routes
et sur les marchés. Grégoire Bordillon, tourmenté
par l'idée qui le dominait, ne s'arrêtait pas à ces
objections et traitait les parlementaires d'esprits pusillanimes. Il continua donc sous le régime de la charte la guerre qu'il avait déclarée à
la monarchie sous le règne précédent et lutta
pour l'avènement de la République dans le *Jour-
nal de Maine et Loire* et plus tard dans le *Précurseur*, dont le nom seul attestait ses ardentes
espérances et sa foi invincible.

En 1830, ses concitoyens honorant sa jeunesse
intelligente et honnête l'avaient appelé au conseil
municipal. M. Sorin, tout en racontant trop
brièvement peut-être cette phrase de la vie de
M. Bordillon, a fait vivement ressortir le progrès
de son influence et de sa popularité. Il y a là
sur l'homme public, venu, disait-on, de l'agora
ou du forum, une de ses meilleures pages.

Je ne puis dire qu'un mot de l'épisode le plus
émouvant de ses luttes journalières. Le jeune
historien a tort d'en parler avec un certain dé-
dain et de rappeler à ce propos les Verts et les
Bleus ou *les guerres d'Eléphantide avecque Rhi-*

nocère. Au fond de la querelle, il y avait plus qu'une vaine dispute et de mesquines personnalités, il y avait un principe. M. Bordillon et ses amis combattaient pour l'indépendance de la commune, pour l'autonomie de la cité, la petite patrie dans laquelle ils voyaient une image de la grande. La France ne s'y trompait pas, et si elle riait parfois de quelques incidents, elle s'intéressait vivement au conflit lui-même. M. Sorin me permettra-t-il à ce sujet de faire remarquer qu'il semble trop préoccupé de son public parisien. Les voilà bien ces jeunes Français ! Quand ils se sentent nés sous l'étoile inspiratrice, ils se hâtent de quitter la ville natale, pour eux le pays des barbares. S'ils y reviennent parfois, s'ils s'en occupent même avec honneur, ils ne perdent pas leur Paris des yeux et comme Alexandre, on les entend dire : ô Athéniens, c'est pour vous, c'est pour mériter vos louanges que je poursuis ces travaux !

La révolution de 1848 fut une surprise pour M. Bordillon comme pour tous. Il l'accueillit avec une joie profonde, sans songer que le triomphe de ses idées en faisait tout d'un coup l'homme nécessaire de la situation. Le 27 février, un grand nombre de citoyens de toutes classes se pressaient pleins d'anxiété, avides de nouvelles, dans les salles de l'hôtel-de-ville. Tout à coup on apporte une dépêche à l'adresse de M. Bordillon; on le cherche, on l'amène; il entre, ému, plein

de pressentiments, salué déjà de cris sympathiques. Il ouvre le pli du ministère et lit à haute
voix l'arrêté qui le nomme commissaire du gouvernement provisoire. Une acclamation unanime
s'élève dans la salle pour se propager dans la
ville entière et confirmer, comme une élection
populaire, un choix qui répondait à tous les
vœux. Qui donc en effet, au milieu de la tempête,
était plus désigné que lui pour dominer l'orage
de sa voix puissante, pour encourager les bons,
pour contenir les mauvais, pour diriger le gou-
vernail d'une main ferme et intelligente! J'ai
souvent entendu des témoins oculaires raconter
cette scène empreinte d'une grandeur touchante
où après quelques paroles exquises de convenances pour son prédécesseur, il accepta modes-
tement l'honneur difficile de commander pendant
le péril public. Un immense cortège, grossissant
sur la route, accompagna le commissaire à la
préfecture, où il allait consacrer au salut commun
ses veilles, ses forces, son intelligence, son dé-
vouement. M. Sorin a reproduit la belle procla-
mation qui, dès le lendemain, en traduisant sous
une forme officielle la pensée de M. Bordillon,
donnait le programme de son administration.
Il le suivit fidèlement, et la ville d'Angers vécut
sans dommage au milieu de la tourmente. Il avait
eu des adversaires passionnés, il n'en connut plus
après la victoire, il tendit la main à tous les
hommes de bonne volonté, protégea tous les inté-

rêts, réprima tous les désordres, et, sans vio-
lence, sans compression, il se servit de son espèce
de dictature pour faire respecter les droits et le
repos de tous. Quelques-uns l'ont oublié peut-
être depuis : la mémoire des hommes est courte;
quelques-uns aussi en ont gardé bon souvenir,
comme les religieuses du Bon-Pasteur, par
exemple, que l'ennemi des institutions monas-
tiques avait défendues du pillage et de l'incendie.
J'imagine que si jamais, ce qu'à Dieu ne plaise,
des circonstances semblables venaient à se repro-
duire, chacun dans son émotion demanderait :
Où donc est Grégoire Bordillon? Le trouverait-
on une seconde fois?

Il faut lire dans le livre de M. Sorin le récit
des belles scènes de cette époque, et surtout
celle de l'inauguration de la statue de Beaurepaire.
Ce fut peut-être le plus beau jour de la vie de
M. Bordillon ; il y arriva à la plus complète ex-
pansion de ses forces morales et intelligentes, et
ceux qui l'ont vu m'ont dit souvent qu'il leur
avait paru en quelque sorte transfiguré et rayon-
nant. Il ne faut pas parler d'emphase. La parole
qui s'adresse aux masses comporte de l'ampleur,
et pour qu'elle aille jusqu'au cœur de la foule, il
ne faut pas seulement que la voix s'élève, il
faut que l'accent, que l'expression, que le verbe
s'agrandissent, à peu près comme les statues des-
tinées à être vues de loin, et dont les lois de la pers-
pective commandent de grossir les proportions.

Du reste, M. Bordillon avait un genre d'éloquence plus difficile que celle de ces grands
jours. Improvisateur admirable, il était toujours
préparé aux exigences du moment. Le peuple a
besoin qu'on lui traduise ses propres impressions
et qu'on lui formule les idées qu'il conçoit un
peu vaguement. A chaque incident, M. Bordillon était invité à parler. Où le surprenait la
nouvelle, la rumeur, l'émotion, il fallait répon-
dre à cette confiance naïve ; sur la place publique, dans les rues, au Champ-de-Mars, tout
lui était bon, et de sa tribune improvisée il
adressait à la foule des paroles sorties du fond
de son cœur, ou dictées par la haute raison qui
s'alliait chez lui au plus vif enthousiasme. Il n'é-
tait pas pour cela, comme il arrive à certains
tribuns, l'esclave de ceux qui l'applaudissaient.
Représentant de la loi, il ne la laissait pas en-
freindre et savait au besoin rappeler sévèrement
à l'ordre les fauteurs de trouble. Un jour, plusieurs centaines d'ouvriers envahissent la cour
de la préfecture, poussant des cris et des me-
naces et réclamant, sans droit, une augmenta-
tion de salaire. M. Bordillon descend et se pré-
sente seul à ces hommes égarés, il leur reproche
rudement leur démarche, leurs vociférations, le
crime qu'ils commettent en compromettant la
cause même de la démocratie; et l'œil indigné,
la voix tonnante, le geste impérieux, il parcourt
leurs rangs à grands pas, il les pousse devant lui,

il les renvoie honteux, émus, étonnés et vaincus
par l'éloquence, l'énergie, l'ascendant d'un honnête homme.

Il fit son devoir jusqu'au bout simplement, et
dévoué jusqu'à l'abnégation. Lorsqu'on lui pro-
posa la candidature à la députation, il contint à
deux mains son cœur qui bondissait de joie, puis
cédant à une malheureuse inspiration de ses
amis, il fit le douloureux secrifice du rêve de sa
vie, et se résigna stoïquement comme la senti-
nelle qui meurt dans la nuit au poste qui lui a
été assigné. Qui sait ce qu'il serait devenu sur
un plus grand théâtre, et s'il eût accompagné
à la Constituante ses amis Freslon, Lamoricière,
Dufaure Marie, Carnot! Il était égal aux plus re-
nommés, et supérieur à la plupart. Il avait les
grands dons, l'éloquence, l'inspiration, l'énergie,
la foi, l'audace, la voionté, la puissance d'en-
traînement. Il eût pris à coup sûr une place im-
portante et par son esprit de décision, exercé
parfois une influence incalculable. Ce fut pour
lui un amer regret de n'avoir pas été à même
de donner à sa cause tout ce qu'il se sentait en
lui-même, et il avait, comme Chénier, le droit
de dire, en se frappant le front et la poitrine,
j'avais quelque chose là et là.

Son rôle finit réellement avec l'élection pré-
sidentielle. Après trois mois passés dans une
sorte d'exil à Grenoble, il rentra pour toujours
dans la vie privée. De profondes douleurs et

d'indicibles tristesses l'assaillirent, brisèrent
son cœur et préparèrent la catastrophe qui l'a
frappé l'année dernière, sans courber cependant
son âme si fière et si forte.

C'est à cette dernière période qu'appartiennent
la plupart des lettres qui suivent l'étude de
M. Sorin. Il est fâcheux qu'il n'ait pu retrouver
celles des années précédentes. Tel qu'il est, le
recueil, malgré un choix trop rigoureusement
restreint, et les mutilations imposées par la timi-
dité des éditeurs, sera lu avec un vif intérêt, par
tous ceux qui voudront se donner le spectacle
d'un homme admirablement doué, en pleine ac-
tivité d'esprit, passionné pour le beau comme
pour le bien et étudiant tour à tour tous les problèmes qui préoccupent la génération actuelle.

Je regrette de ne pas trouver dans le recueil
les lettres familières. C'était le charme de cette
nature sympathique que le mélange des pensées
les plus sévères avec la grâce, l'enjouement et la
gaîté. Je lui ai entendu reprocher souvent, et
non sans raison, d'avoir gaspillé son intelligence
et ses riches dons qui, employés dans le recueil-
lement et le travail fécond, eussent produit des
œuvres durables. Que voulez-vous cependant ? Il
était un vrai fils de Diderot, c'était un improvisateur, incapable de serrer la main s'il y tenait
une vérité, ou de retenir dans la prison de son
cerveau, l'essaim bourdonnant de ses pensées qui
s'en échappaient sans cesse comme d'une ruche

mal fermée. Il y a dans le récit de M. Sorin une page charmante que j'ai plaisir à citer. « En dépit de ses graves pensées; dans sa course matinale à travers champs, il avait dit un bonjour aux paysans ses amis ; questionné des petits enfants sur la route de l'école; puis, par un de ces caprices ingénieux et charmants qui lui étaient familiers, au milieu des landes arides il jetait à poignée les graines des plus belles fleurs, il greffait sur les rosiers sauvages les roses les plus rares. » Les cultivateurs, disait-il en riant, n'ont pas le temps de se faire des jardins ; il faut bien que quelqu'un soit leur jardinier ! » Et de même, M. Bordillon jetait à pleines mains, à tout venant, son merveilleux esprit, semence féconde, tombant tantôt dans un terrain fertile, tantôt sur un sol ingrat.

Il vécut ainsi les dernières années de sa vie, allant une fois par an *faire ses pâques* à Paris avec ses vieux amis et compagnons de lutte. Deux fois seulement il sortit de sa retraite. Il tenta, en 1857, de rentrer dans l'arène par la députation, mais le suffrage universel avait changé ses courants et une habile stratégie le fit succomber. Un peu plus tard une attaque violente, dirigée à la fois contre l'évêque Henri Arnault et contre les principes de la Révolution, le fit bondir et réveilla en lui les colères du *Précurseur* ; il lança contre l'imprudent agresseur un pamphlet plein de verve, d'éclat et de bon sens, et eut la joie d'affirmer ainsi une dernière fois toutes ses croyances.

On réveilla à ce sujet contre lui la vieille accusation d'irréligion. M. Sorin a pris à tâche de l'en défendre et s'est efforcé d'établir que M. Bordillon était plus chrétien que ne le disaient ses ennemis. Ce plaidoyer l'eût fait sourire. M. Bordillon était libre-penseur, il ne laissait de doute à personne là-dessus. Il niait sans vains subterfuges les dogmes établis par les Eglises et prétendait hautement, dans l'indépendance absolue de sa raison, s'affranchir du joug des symboles traditionnels. Il n'admettait pas les hypocrisies de langage et d'habitudes que les mœurs et les convenances imposent ; je veux dire que ce que bien des gens pensent tout bas et se taisent à eux-mêmes, il le disait bien haut, affirmant ses opinions religieuses comme toutes les autres, sans affectation mais sans respect humain. Il n'était pas cependant contempteur des croyances et il avait pour la foi sincère d'autrui le respect qu'il réclamait pour son indépendance. Son système emprunté mi-partie à Jouffroy et à Jean Reynaud n'est pas facile à définir ; il était dominé par un grand principe. « Il n'y a de Dieu que Dieu ! mais je crois en Dieu ! de cœur et d'esprit, j'y crois, répéte-t-il souvent dans ses lettres. «Laissez-moi bénir Dieu,» dit-il ailleurs ; « C'est la langue de ma jeunesse, vieille langue que je ne puis ni ne veux désapprendre ; » et revenant plus loin sur ce mot avec la grâce qu'il trouvait toujours lorsqu'il parlait à une femme : « Je serre la main de mon petit ami Léo et je lui conseille de *bénir Dieu* de vous avoir pour mère. » Dans les religions établies, il ne combattait après tout que les superstitions, les dévotions étroites, les pratiques puériles qui rappetissent l'esprit des peuples et les rendent incapables d'œuvres viriles. Nul n'avait plus que lui de la déférence pour les prêtres éclairés, affranchis de préventions injustes, comprenant l'esprit et les besoins de leur temps et qui vivant de la vie commune, le cœur ouvert à toutes les émotions nationales restent des citoyens tout en remplissant dans la modeste sphère de leurs paroisses la mission morale qui leur a été confiée. Mais chaque fois qu'il trouvait l'Église à l'encontre de l'esprit de 89 et des libertés modernes, il la combattait sans merci. Il voyait surtout des adversaires irréconciliables dans cette milice irrégulière, sans patrie, sans nationalité dont quelques membres donnent à notre société laborieuse l'exemple funeste de la mendicité, dont les autres, barrant la route aux progrès, tendent depuis Pascal à dominer les âmes en les énervant.

Il s'oublia un jour dans le feu de la lutte jusqu'à réclamer contre les Jésuites l'observation de la loi qui les avait bannis. Je ne l'excuserai pas assurément; il contredisait aux principes mêmes qui avaient fait la force et la légitimité

de tous ses combats. Mais conclure de là qu'il
avait l'âme d'un persécuteur, c'est abuser singu-
lièrement de la logique. Un éminent écrivain,
dont j'aime et j'admire infiniment le talent, a cru
pouvoir dire qu'au 16ᵉ siècle M. Bordillon eût
été peut-être un inquisiteur. Il faut l'avoir bien
peu connu et pratiqué pour oser une pareille
conjecture. La bonté était au fond même de son
être, une bonté sans limites jusqu'à l'absence de
tout fiel, de toute rancune, de toute haine contre
les personnes, et on eût vainement cherché dans
cette nature saine, loyale, franche, combattant
au grand jour, la froide cruauté qu'il faut pour
l'étrange rôle que vous lui attribuez hypothéti-
quement. Savez-vous ce qu'il eût été dans un
autre âge? Au 1ᵉʳ siècle il eût été un disciple du
Maître, allant annoncer partout le dogme de la
fraternité des hommes; au 16ᵉ, prédicant de la
réforme, il eût revendiqué l'émancipation de la
raison et l'avènement du libre examen ; au 18ᵉ il
eût proclamé avec Jean-Jacques et Diderot la sou-
veraineté nationale ; pendant la révolution enfin,
il se fût assis entre Camille Desmoulins et Ver-
gniaud pour appeler les peuples à la liberté! Mais
à quoi bon ces vaines analogies, ces conjectures
oiseuses? Tenons-nous en à la réalité et n'exami-
nons que les actes. Il n'a jamais fait demal à personne, il a rendu service à beaucoup. Il n'a eu
qu'une heure de pouvoir et il l'a employée non
pas à satisfaire de basses vengeances, mais pour

assurer le salut de tous et la paix publique. C'est pour cela qu'il laisse dans ce pays, dans sa ville natale une mémoire populaire et respectée de tous ceux qui se piquent de reconnaissance ou simplement d'équité. Ce ne sera pas un médiocre honneur pour le livre de M. Sorin que de contribuer à faire connaître et aimer un bon citoyen par les générations qui nous suivent.

Ernest MOURIN.

Angers. — Imp. J. Lemesle

www.ingramcontent.com/pod-product-compliance
Lightning Source LLC
LaVergne TN
LVHW050318030726
842520LV00005B/1660